Zwischentöne

Reflexionen einer leisen Stimme

Lio Noelle Dohmen

Zwischentöne

Reflexionen einer leisen Stimme

Verlag: BoD · Books on Demand GmbH,

Überseering 33, 22297 Hamburg, bod@bod.de

Druck: Libri Plureos GmbH, Friedensallee 273,

22763 Hamburg

Erste Auflage

Umschlagdesign: Lio Dohmen

Printed in Germany

ISBN: 978-3-7693-5816-2

Für mich, mit allem, was war.

Inhalt

UN–GLÜCKLICH VERLIEBT

I use they/them but I am all yours.

Bist du da?

Ich bin nah

Bei dir –

    In meinen Gedanken.

Wohin willst du gehen?

Willst du mit mir gehen?

Weg von hier?

Hin & weg.

Mit dir hab ich sogar im Winter

Frühlingsgefühle.

Wir beide.

Irgendwo.

Draußen.

Ein bisschen Sonne.

Kannst du zaubern?

Oder warum bin ich so verzaubert?

Me and you – A Rondezvous?

Okay.

Weil du es bist,

Weil du mir so viel bedeutest.

Schwere wird zu Leichtigkeit.

Wind wird zu Erstarren.

Ruhe wird Unendlichkeit –

Ich in deinen Armen.

Ich verstehe gar nicht,

warum es dir so schwer fällt,

mit dir allein zu sein.

Ich bin so gern mit dir allein.

Wegen Regen –

Regenschirm

Dach. Dächlein.

Zu zweit.

Irgendwie romantisch.

Wohin gehst du, wenn nicht zu mir?

Was fehlt dir, wenn nicht ‚*wir*'?

Vielleicht vermiss ich dich schon.

Ein bisschen.

Es gibt Dinge, die ich dir sagen möchte,
aber ich habe Angst, es ist nicht der richtige
Moment.

Ich möchte Momente mit dir erleben,
aber ich habe Angst vor dem Gefühl.

Ich habe Lust, zu fühlen,
aber Angst, es ist dir zu viel.

Das Leuchten in deinen Augen,

dem leeren Blick gewichen.

Die Nähe, die am Anfang war,

ist mit der Zeit verstrichen.

    Verzweifelt auf ein Feuer hoffend,

    wo nur ein Funke glüht,

    umklammere ich die Zukunft,

    doch die Aussicht ist getrübt.

Es wäre unvernünftig, wenn du bleibst.

Und trotzdem schau' ich dir voller Sehnsucht
hinterher.

DIFFUS

Es ist okay, wenn du den Faden verlierst.

Es ist okay,

Es ist okay,

Es ist okay.

Manchmal fällt es mir schwer,

anderen in die Augen zu schauen,

wenn ich sage,

„Es geht mir gut."

Und manchmal würde ich bei mir selbst auch
gerne mal auf

Neustarten und Aktualisieren

klicken.

Es gibt so viele Blumen auf der Welt.

Du willst doch auch nicht, dass es nur noch
Rosen sind.

Warum stellst du den Anspruch dann an
dich?

Vergissmeinnicht.

Manchmal möchte ich da sein,
mich fühlen, eine Stimme haben.

Manchmal möchte ich mich auflösen.
in der Ferne des Himmels, im Licht, in mir.

Weit weg von mir,
nichts hören, nichts sehen.
Nur ein Gefühl von Geborgenheit –
In mir?

ZWISCHENTÖNE

müde
ausgebrannt
erschöpft
kraftlos
schwer
verwelkt
passiv
bewölkt
bedeutungslos
allein

übersehen
isoliert
singulär
getrennt
abgeschnitten
trostlos

vernebelt
verworren
unsicher
zweifelnd
suchend
zögernd
ambivalent
irgendwie
dazwischen

durchlässig
sensibel
weich
zart
sanft
leise
empfindsam
verletzlich
angreifbar
warm
transparent
sinnlich
rosarot
hautnah

Widersprüche
Regenbögen
Zwischentöne

Und ja,

du fehlst mir –

So, so sehr.